LETTRE A M. POUJOULAT

SUR SA VIE

DU R. P. DE RAVIGNAN

LETTRE A M. POUJOULAT

SUR LA

VIE DU R. P. DE RAVIGNAN

PAR

MGR L'ÉVÊQUE DE TRIPOLI

PARIS

DE SOYE ET BOUCHET, IMPRIMEURS

2, PLACE DU PANTHÉON, 2

1859

LETTRE A M. POUJOULAT

SUR SA

VIE DU R. P. DE RAVIGNAN

MON CHER AMI,

J'ai lu avec un très-grand plaisir votre *Vie du Père de Ravignan*,
que vous avez eu la bonté de m'adresser. Au milieu de toutes les
épreuves, anciennes et nouvelles, qu'il a plu à la divine Providence
de m'envoyer, cette lecture a été pour mon âme un véritable
rafraîchissement. Quelquefois, dans ces jours deux fois obscurcis
par le deuil, je ne pouvais me livrer à aucune espèce d'occupation,
la douleur était au-dessus de mes forces ; alors le livre me tombait
des mains, mais je ne tardais pas à le reprendre aussitôt que Dieu
ranimait un peu mon courage, et que je sortais de mon extrême
abattement. Ces pages émues, d'une élégante simplicité, écrites
d'un bout à l'autre avec une inspiration religieuse facile à sentir,
me pénétraient ; elles charmaient et consolaient mon âme dans la
situation où elle se trouvait.

Vous êtes, mon cher ami, un travailleur infatigable. En voyant
les œuvres sérieuses, toutes marquées au coin du bon goût et des
bons principes, qui sortent l'une après l'autre, à de courts inter-
valles, de votre charmante et laborieuse retraite d'Ecouen, on ne
vous accusera pas de laisser en friche le champ que la Providence
vous a confié, et d'y laisser vos talents enfouis. Moi, je vous féli-
citerai surtout de donner une telle direction à vos travaux qu'ils
ne produisent que des œuvres irréprochables, complétement saines
et qui, écrites dans la jeunesse ou dans l'âge mûr, pourront un
jour soutenir les regards plus austères de la vieillesse, sans que
vous ayez besoin d'en effacer ou d'en changer une seule ligne
qui aurait été dictée en d'autres temps par un jugement trop pré-
cipité ou inspirée par un sentiment moins pur et moins élevé.
Depuis que Dieu et les événements politiques vous ont fait des
loisirs, on a vu presque coup sur coup, sur cette fraîche colline
d'Ecouen, où votre vie, embellie par l'étude, coule si doucement
entre les parfums de vos jardins et les parfums plus doux encore

qui s'exhalent de votre foyer domestique ; on a vu, dis-je, mûrir successivement comme une moisson abondante de travaux, tombés de votre plume qui ne se repose pas. C'est d'abord un volume de *Mélanges* et de *Souvenirs littéraires* choisis parmi ceux surtout que vous aviez publiés dans la *Quotidienne*, où il y avait plusieurs morceaux de haute critique qui méritaient d'être sauvés de l'oubli. Vous y avez joint quelques articles inédits, ce qui ajoute à l'intérêt du volume l'intérêt de la nouveauté ; c'est ensuite une *Histoire de la Révolution française* en deux volumes, comme si, en vous séparant tout à coup de la vie publique, vous en aviez emporté dans votre retraite les graves préoccupations. On s'en laisse facilement obséder, pour peu qu'on y ait réussi, et qu'on se soit senti pour elles de l'attrait. Prêtant l'oreille à l'écho de vos pensées, dans le calme de vos méditations, vous avez voulu alors consacrer vos premiers loisirs à les écouter et à les fixer en un tableau animé, dans ces pages rapides et brûlantes, toujours élégantes et saines, où si l'on découvre quelques passions, ce n'est que la passion du bien et de la vérité.

Mais bientôt, au milieu du silence profond de votre retraite, s'éteignent tous ces bruits et tous ces retentissements du dehors. Vous vous trouvez face à face avec les grands spectacles et les sublimes vérités de la religion dont on ne sent jamais mieux le côté divin et les divines harmonies que quand on se trouve dans le silence de la retraite près de soi et près de la nature. Vous vous laissez alors facilement captiver par ces grandes études et par ces hautes méditations familières à votre jeunesse et dont le bruit du monde vous avait à peine un moment détourné. La pensée vous vient de consacrer à l'exposition et à la défense de la vérité religieuse tout ce que Dieu a mis en vous de force, d'énergie et de talents. Dans cet austère dessein, vous retracez l'histoire *du grand évêque d'Hippone*, dont la vie et les écrits remplissent un des plus beaux siècles de l'Eglise, et forment la plus complète et la plus saisissante apologie du christianisme. Après cette histoire de la vie et des travaux de saint Augustin, vous entreprenez la tâche ardue de donner une nouvelle traduction de ces lettres, où se retrouvent vivants tous les faits et toutes les idées de son temps, où toutes les doctrines et toutes les polémiques sont vivement exprimées, et à l'aide desquelles, comme vous en faites justement la remarque, on pourrait reconstruire pièce à pièce l'édifice entier des travaux de saint Augustin, si le temps pouvait détruire toutes les autres productions de ce vaste et prodigieux génie.

C'est pour vous reposer, en quelque sorte, de ces graves travaux, que vous écrivez l'histoire du cardinal Maury, où vous savez, en même temps, rendre hommage aux principes de l'honnête

et du vrai, qui sont inflexibles, et dont il n'est jamais permis de
s'écarter, et rendre justice en même temps à un esprit brillant,
peut-être un peu léger pour la gravité des circonstances auxquelles il se trouva mêlé, que des passions contraires ont tour à
tour trop élevé ou trop rabaissé, et qui a eu dans sa vie des éclairs
glorieux et des éclipses déplorables. Par votre travail impartial
sur l'abbé Maury, vous avez préparé et rendu facile le jugement
de la postérité.

Vos longs travaux sur saint Augustin et toutes vos études sur
le christianisme et sur les Pères de l'Eglise vous avaient amené à
contempler une des plus hautes et des plus grandes figures des
temps modernes : Bossuet, grand écrivain, grand théologien,
grand évêque, qui dépasse tous les hommes de son temps; le dernier Père de l'Eglise, dont la gloire resplendit d'une manière in-
comparable dans les temps modernes, et ne pâlit pas devant les
splendeurs des premiers siècles de l'Eglise. Après le grand évêque
d'Hippone, rien n'était plus digne de vos études et de vos ad-
mirations que le grand Évêque de Meaux. Vous lui consacrâtes
des lettres éloquentes qui contiennent une juste appréciation des
écrits de ce grand homme et de l'influence exercée par ce vigoureux
génie sur l'Église de France et sur l'Eglise tout entière.

Un exécrable et sacrilége attentat privait tout à coup l'Eglise
de Paris de son vénérable et bien-aimé prélat. La France, le
monde entier, s'émut à la nouvelle d'un forfait si odieux et si
satanique qui interrompait brusquement une carrière pastorale,
déjà si bien remplie quoique non achevée. Vous qui aviez vécu
longtemps dans l'intimité de Mgr Sibour, et qui saviez ce qu'il y
avait d'élévation, de trésors de zèle et de charité dans cette âme
vraiment pastorale, vous ressentîtes vivement le coup funeste qui
venait d'éteindre ce cœur d'évêque encore tout bouillant d'ardeur;
vous vous fîtes l'écho de la douleur publique, et vous voulûtes raconter à la France cette vie d'apôtre si courte et pourtant si pleine,
et ce zèle qui a tant donné en peu de temps et qui promettait
plus encore.

Ce travail, improvisé avec toute l'ardeur d'une amitié pieuse,
était à peine fini que la mort frappait un nouveau coup sur l'Eglise
de Paris, et que la tombe se fermait sur une des plus pures et des
plus grandes réputations de ce siècle.

Votre *Biographie de Mgr Sibour*, où vous aviez montré tant de
brillantes et de solides qualités, vous désignait, d'avance, en
quelque sorte, comme l'historien du R. P. de Ravignan. Vous
acceptâtes avec amour cette nouvelle mission; il y avait là une
œuvre importante à faire, une belle vie à raconter, un tableau
comme vous aimez à les peindre, et dont le sujet convenait à votre
âme religieuse et à votre talent élevé.

Après avoir admiré, après tant d'autres, cette production dernière de votre pensée féconde, je ne puis que vous féliciter d'avoir ajouté à votre galerie historique, déjà si riche et qui témoigne de tant d'heureux efforts, cette grande et sainte figure du P. de Ravignan. Votre livre, où se trouve reproduite trait pour trait la physionomie du célèbre Religieux, le fait revivre et continue après sa mort l'influence de sa vie apostolique et de ses vertus.

Vous avez pu, à l'aide de sa correspondance, qui a été mise à votre disposition, et dont avez su si bien tirer parti, saisir sur place et bien fixer tous les traits de cette âme grande et sainte.

Les lettres du P. de Ravignan sont comme les mémoires de sa vie, elles l'embrassent tout entière; elles donnent le reflet des événements contemporains sur cette âme ; on y suit vivantes, les impressions du moment, et vous avez pu avec elles saisir toutes les nuances de cette physionomie qui avait un côté austère, mais aussi un côté aimable rempli de simplicité, de bonté et de candeur.

A ceux qui auraient peut-être envie de faire à votre œuvre le reproche de ne peindre que les surfaces de cette vie et en quelque sorte les dehors de cette âme, et de ne pas avoir fouillé au dedans assez profondément dans ce trésor de vertus qui était sa principale richesse, vous pourriez répondre en faisant remarquer ce long et précieux tissu formé avec les extraits d'une correspondance intime qui ne cesse pas durant cinquante ans, qui éclaire si bien tous les plus secrets recoins du cœur du P. de Ravignan, depuis les premières impressions de sa jeunesse jusqu'aux plus graves méditations de ses dernières années.

Vous pourriez répondre encore, si vous vouliez, que votre livre s'adresse particulièrement aux gens du monde, et que vous avez dû vous borner à ne rien omettre de ce que vous aviez cru devoir les toucher et les intéresser.

Votre livre est ce qu'il doit être dans le plan que vous vous êtes tracé. Il donne dans une juste mesure toue les détails de la vie du saint Religieux qui sont de nature à émouvoir et à instruire vos lecteurs. Votre livre, en effet, contient les plus hauts enseignements, et quoique la vie du R. P. de Ravignan soit calme et unie comme celle d'un saint Religieux, sans secousses et sans mouvements imprévus, elle excite au plus haut point l'intérêt, parce que tout le mouvement de notre société si troublée, au sein de laquelle elle s'est écoulée, vient s'y réfléchir.

Et quels temps, en effet, furent plus tourmentés et plus féconds en orages que ceux qui forment la période qu'embrasse tout entière la vie du R. P. de Ravignan? La grande moitié de notre siècle qui a vu la révolution de 89 et les sanglantes orgies de la Terreur qui la suivirent; l'Empire et toutes ses vicissitudes ; la

Restauration et l'heureuse période de quinze ans de paix dont elle fut accompagnée, et qui, après les rudes labeurs de la guerre, inaugura tous les travaux de la paix et amena avec l'activité de l'esprit cette ère si remarquable de progrès en tout genre, ère qui vit naître et grandir les libertés publiques, où se montra le premier réveil de l'esprit religieux qui depuis ne s'est plus rendormi, et dont nous voyons à présent les effets de plus en plus sensibles et consolants.

La Restauration ne fut guère qu'une courte halte dans la carrière des bouleversements politiques. Bientôt arriva la révolution de 1830 qui n'a dit son dernier mot qu'à la révolution, non plus politique, mais sociale de 1848.

La vie du P. de Ravignan, quoique abritée derrière des retranchements inaccessibles, et amenée par lui dans le calme profond et comme dans le port de la vie religieuse, ressentit pourtant tous les contre-coups des commotions du dehors ; car, par leur nature, la plupart l'atteignaient dans ses affections les plus chères et créaient les plus grands périls pour la religion aussi bien que pour la société.

M. de Ravignan, en se dévouant à la religion, n'avait rien perdu de son dévouement pour sa patrie. En devenant un saint Religieux, il était resté un bon citoyen. Ses nouvelles habitudes, la perfection de son saint état, les grandes pensées religieuses qui occupaient sa vie, lui avaient fait placer plus haut que la terre le but de ses efforts et les affections de son cœur ; mais ce cœur était resté rempli du plus pur patriotisme ; la chaleur de son âme et son dévouement à son pays pouvaient être plus tempérés, mieux dirigés, mais certainement ils n'étaient pas éteints.

Il commença avec la Restauration son premier apprentissage de la vie publique. Son éducation, les premières impressions de son enfance, la trempe ferme de son esprit, déterminèrent ses premières convictions politiques, auxquelles au fond, avec les nuances convenables, assorties aux divers états qu'il traversa, il resta fidèle durant toute sa vie.

Il salua avec enthousiasme le retour providentiel de cette ancienne et royale famille sur laquelle la patrie et la religion plaçaient alors tant d'espérances de repos et de prospérité.

Il alla jusqu'au bout de ses convictions politiques, comme plus tard il devait aller jusqu'au bout de ses convictions religieuses : pour lui, la fidélité c'était le dévouement le plus absolu et le plus chevaleresque. Durant les Cent-Jours, il ne déserta pas la cause qu'il avait embrassée, et affronta bravement avec une poignée de volontaires royaux tous les périls, et on peut dire toutes les aventures de ces jours troublés qui passèrent sur la France comme un orage de printemps.

Les nuages et les tempêtes ne tardèrent pas à se dissiper, la paix revint, et avec elle s'ouvrit cette ère pacifique qui, au milieu du calme et du repos de l'Europe, vit naître tous les progrès dont nous avons parlé et tous les périls qui firent la gloire et amenèrent la chute de la Restauration.

Ce fut vers les commencements de cette époque que M. de Ravignan eut à faire le choix d'une carrière. Sa piété, dès ce temps-là, le poussait du côté du sanctuaire ; mais le monde, dont il n'avait pas encore entièrement secoué le joug, élevait mille obstacles devant ses pas. La prudence lui conseillait, avant de prendre un parti héroïque et décisif, de s'éprouver au moins. M. de Ravignan crut devoir obtempérer à la voix de la sagesse humaine.

Il choisit, à côté du sanctuaire, la magistrature qui est une autre espèce de sacerdoce, à laquelle il convenait par les sérieuses habitudes de son esprit et la gravité précoce de ses mœurs. Il s'y fit dès le début une place honorable et une position pleine des plus brillantes espérances pour l'avenir.

Mais les âmes de la trempe de M. de Ravignan ne font rien à demi. Il ne s'arrêta pas longtemps dans la magistrature ; elle ne devait être pour lui que le vestibule de l'autel. C'est vers les autels que sa tendre piété le poussait ; rien ne fut capable de l'arrêter dans cette voie où il devait laisser une si profonde et glorieuse empreinte. Un jour, le monde apprit avec surprise que le jeune et brillant substitut de Paris, renonçant à toutes les promesses d'une belle carrière, s'était enfui dans le séminaire d'Issy, dont la solitude l'attirait, et que là, dans une pieuse et profonde retraite, il venait étudier sa vocation et savoir ce que Dieu demandait de lui.

La voix de Dieu, dans le calme de la solitude, se fit entendre clairement à son cœur. Elle ne lui dit point de retourner dans le monde, mais au contraire d'aller encore plus avant et de ne s'arrêter qu'au sommet de la perfection la plus haute, non plus seulement dans l'état ecclésiastique, mais dans l'état religieux. Il quitta bientôt les tranquilles allées d'Issy où la paix régnait et sur lesquelles le voisinage du pieux sanctuaire de Lorette répand tant de parfums de piété, mais où il rencontrait parfois encore comme une ombre du monde, et il alla chercher à Montrouge une simple cellule de novice pour se préparer à s'enrôler dans la Compagnie de Jésus.

Cette milice et l'ardeur belliqueuse des enfants du soldat de Mantrèze convenaient à son âme forte et décidée. En ce temps-là il y avait de tous côtés comme des montagnes de préventions entassées contre les Jésuites, et il fallait avoir du courage pour entrer dans la Société de Jésus ; mais tous ces préjugés et tous ces périls attiraient plutôt qu'ils ne décourageaient M. de Ravignan. Le philosophisme, l'esprit janséniste et l'esprit parlementaire avaient tous à l'envi semé contre la Compagnie de Jésus les préjugés et les calomnies.

L'opposition était si forte que les Jésuites, qui ne reculent pas d'ordinaire, avaient pourtant reculé. Ils avaient abandonné leur costume et en quelque sorte changé de visage. Ils n'osaient se montrer à ce siècle égaré que sous le nom de Pères de la Foi.

Cette situation des esprits, qu'aigrissaient encore les intérêts et les passions universitaires, donna bientôt naissance à une grande polémique qui remplissait la tribune et la presse, et qui menaçait l'existence de toutes les congrégations religieuses d'hommes en général, et surtout l'existence de la Société de Jésus en particulier. Les passions et les intérêts dont nous parlons s'étaient émus en présence de quelques tentatives non illégales, mais peut-être un peu prématurées, qui faisaient craindre, dans un avenir prochain, une concurrence plus sérieuse.

Le P. de Ravignan dut quitter, à cette occasion, la retraite qu'il s'était choisie et où il vivait en paix, environné de silence et d'obscurité, dans les profondes méditations de la vie religieuse. Comme un soldat il descendit dans la mêlée, et avec la plume du publiciste et de l'avocat, il dut apporter à la chère Société qu'il avait embrassée et qu'il aimait comme un fils aime sa mère, dans ce moment suprême où il s'agissait de combattre *pro aris et focis*, l'appui de son nom respecté et l'autorité de ses talents et de ses vertus.

La question était de savoir si les anciens édits qui avaient aboli en France la Société de Jésus étaient encore en vigueur, et si toutes les tentatives de restauration dans les temps nouveaux et sous des conditions si différentes des anciennes, devaient passer pour une flagrante infraction à la loi. Les Jésuites ne réclamaient pas les conditions et les priviléges de leur ancienne existence dans le pays. Au nom de la liberté qu'on avait proclamée, ils demandaient, comme tous les autres citoyens, la liberté de conscience et le simple droit de vivre. Ils invoquaient, avec toutes sortes de raisons, le droit commun et le pain de la liberté et de l'existence qui ne pouvait pas, ce semble, leur être raisonnablement refusé, surtout au nom des principes du libéralisme.

Les défenseurs des Jésuites et des congrégations religieuses avaient mille fois raison ; mais qu'importent la vérité et la raison quand ce sont les passions et les préventions qui dominent et dictent les décisions et les lois ?

Ces ardentes discussions aboutirent aux ordonnances de juin 1828, espèce de concordat imaginé par des hommes d'Etat qui estimaient ces mesures et ces concessions nécessaires, commandées qu'elles étaient par la force des circonstances et par les nécessités politiques. Les ordonnances fermaient aux Jésuites et à toutes les congrégations religieuses, non autorisées expressément, les portes de l'enseignement public. En fermant devant elles les portes de l'enseignement ecclésiastique, par où quelques évêques, maîtres jusque-là de cet enseignement, les avaient introduits et par où ils avaient pénétré dans le corps de la place, ces mesures ne touchaient pas la question légale, et leur principal inconvénient était de laisser planer sur la tête des congrégations toutes les menaces qui troublaient leur repos et compromettaient leur existence, livrées qu'elles étaient toujours aux passions et aux colères des partis.

C'était un compromis où tout était à l'avantage des adversaires du clergé et des Jésuites ; un édit de paix prétendue qui ne pacifia rien, ni les libéraux, ni les universitaires, ni les congrégations religieuses, ni les Evêques, ni le clergé, et d'où sortit seulement cette trêve de deux ans trop chèrement achetée par la Restauration, puisqu'elle devait aboutir à la révolution de 1830.

Les Jésuites, vaincus mais non détruits, ni même découragés, laissèrent passer les premiers temps de la révolution, ses premières colères et ses premiers orages, en se dispersant et en mettant leur Société à l'abri dans des retraites profondes, où ils attendirent dans la méditation et l'étude que la tempête se fût calmée et que le moment de la Providence dont ils n'avaient jamais désespéré arrivât. J'ai entendu dire, à Rome, au célèbre P. de Rosaven, en parlant de cette épreuve qui avait forcé la Société de Jésus à quitter le théâtre du monde et à s'ensevelir pour des années dans la retraite où elle avait été en quelque sorte contrainte de vivre dans l'étude et de se livrer à des travaux sérieux, que cette épreuve, trouvée si rude, avait été au fond un bienfait de la Providence. Selon lui, la Société n'était pas encore en 1828 suffisamment préparée pour se livrer à l'enseignement, soutenir avantageusement la concurrence des colléges de l'Université et procurer tout le bien qu'on devait attendre d'elle. Son personnel était insuffisant, et ses professeurs un peu improvisés n'étaient pas complétement à la hauteur de leur difficile mission. La Société, ajoutait le P. Rosaven, a mis à profit les loisirs que les ordonnances lui ont faits, et maintenant (il parlait ainsi dès 1840) quand Dieu voudra donner le signal, nous pourrons descendre dans la lice mieux armés et soutenir le combat avec de meilleures chances de succès.

La question de la liberté d'enseignement qui, bientôt après la révolution de juillet, fut soulevée par les catholiques, devait bientôt, par sa portée et par la valeur des champions, prendre tous les caractères d'une grande lutte, où la vérité avait trouvé un terrain favorable et une forte position et où, appuyée sur les promesses solennelles et les principes même de la constitution, elle devait marcher de succès en succès, et à la tribune comme dans la presse, faire goûter de beaux triomphes à ses défenseurs ; c'était là en effet une question bien grave et bien importante ; elle résumait toutes les autres questions religieuses de l'époque. Les débats qu'elle suscita ne pouvaient pas trouver le P. de Ravignan froid et indifférent. Nul mieux que lui n'en comprenait toute la portée. Il comptait parmi les défenseurs de la liberté d'enseignement ses plus anciens et ses plus dévoués amis.

En 1836, quand il fut décidé que le P. Lacordaire, cédant à la fatigue, descendrait de la chaire de Notre-Dame dont il avait fondé l'enseignement et où il avait recueilli au profit de la religion tant de glorieux succès, l'archevêque de Paris songea au P. de Ravignan pour lui confier cette grande mais périlleuse mission. Les succès du P. Lacordaire auraient pu empêcher son successeur de dormir, si celui-ci avait été moins saint, doué d'une âme moins apostolique, et s'il n'eût pas été d'ailleurs en droit de compter sur l'aide de Dieu dont il allait prendre en main la défense devant une jeunesse entièrement subjuguée et comme enivrée par la voix éloquente et aimée qu'elle regrettait. Le P. Lacordaire était parvenu à charmer et à enchaîner au pied de sa chaire une foule d'hommes, la plupart jeunes et ardents, à l'intelligence curieuse et vive, dont les flots pressés dans l'immense nef de Notre-Dame formaient le plus bel auditoire qu'on eût jamais vu. Tous ces hommes aimaient dans leur jeune et brillant orateur une parole animée et pittoresque où brillaient de soudains éclairs, et des discours dont la trame au fond était solidement et savamment préparée, mais dont la forme était livrée à l'inspiration du moment ; brillantes improvisations toutes semées d'aperçus ingénieux et inattendus, d'images vivantes qui saisissaient l'imagination et la charmaient, de traits vifs et piquants qui pénétraient dans les âmes et les subjuguaient. On pouvait craindre que le charme qui avait formé et qui captivait un auditoire semblable disparaissant, la foule ne disparût avec lui. Il n'en fut pas ainsi, et les succès du P. de Ravignan égalèrent ceux du P. Lacordaire.

Les qualités des deux orateurs étaient très-différentes, mais leur puissance était la même. L'éloquence du P. de Ravignan était plus grave et plus sérieuse que celle du P. Lacordaire ; elle n'en avait pas la flamme et les reflets éclatants. Mais c'était aussi un feu qui, s'allumant au foyer brûlant d'un zèle vraiment apostolique, sortait comme une lave ardente des profondeurs de l'âme du P. de Ravignan, et arrivant directement à l'âme de ses auditeurs, l'échauffait et la pénétrait. Les paroles de l'orateur étaient empreintes d'une si vive foi, l'ardeur de ses convictions leur donnait une telle force et un tel accent de vérité que cette éloquence qui n'étonnait pas d'abord, était bientôt toute-puissante et produisait dans les âmes de prodigieux effets.

Les Conférences de Notre-Dame du célèbre Dominicain comme celles du célèbre Jésuite constituaient ensemble l'enseignement de la religion le plus élevé et se complétaient. Dans le cours de ses prédications, le P. Lacordaire affectait une forme plus philosophique ; il s'adressait surtout à la raison et s'attachait principalement à lever les obstacles entassés sur les chemins de la foi. En un mot, ses Conférences formaient une espèce de *préparation évangélique*. Le P. de Ravignan, au contraire, était plus théologien dans ses discours ; la foi chrétienne était son point de départ et son but. Ses conférences, en y comprenant les retraites dont il faisait suivre ses prédications de Carême, formaient la plus solide et la plus complète *démonstration évangélique;* ils en embrassaient les principes qui étaient solidement établis, et menaient à la pratique sans laquelle les principes ne sont presque rien.

Pour trouver quelque chose dans le monde catholique de comparable à l'enseignement de Notre-Dame, fondé par le P. Lacordaire, continué par le P. de Ravignan, soutenu par divers orateurs qui, chacun dans la suite des temps, ont apporté une pierre à l'édifice, et maintenant couronné par un autre brillant orateur qui a continué les succès passés et les complète, il faut peut-être remonter à travers les siècles, jusqu'à l'époque des grandes catéchèses de l'école d'Alexandrie auxquelles les Clément et les Origène attachèrent leur nom. Il est certain que ce haut enseignement produisit de grands effets ; il fut une des gloires et un des principaux besoins de l'époque. Il a été une des premières et des principales causes de ce mouvement religieux qu'on remarque partout et qui distingue nos temps de ceux qui les ont précédés ; c'est ce réveil religieux et ce retour marqué vers le christianisme qui ont donné en 1848 à la révolution ce caractère de respect religieux par lequel il a été si fort différent de celle de 1830. En effet, les bouleversements politiques, en 1848, furent effrayants et plus radicaux que jamais. Le convulsions mirent à nu les fondements mêmes de la société qui furent sérieusement menacés et coururent de grands dangers, mais la religion fut respectée et toutes les craintes qu'on avait pu un moment concevoir ne tardèrent pas à se dissiper.

Le P. de Ravignan suivait la marche de cette révolution d'un œil attentif et inquiet. Il fut bientôt rassuré par les tendances de l'assemblée constituante qui ne tardèrent pas à se dessiner, et où se trouvaient en grande majorité des hommes nouveaux, tout à fait étrangers aux partis et inhabiles à la tactique parlementaire, mais doués de bon sens et animés des meilleures intentions. La postérité, plus juste que les contemporains pour cette assemblée, lui tiendra compte des grands résultats qui ont été obtenus et des grands dangers qui ont été écartés. Restant ferme au milieu des commotions les plus fortes, et, quand il l'a fallu, achetant la victoire au prix de son sang, c'est elle qui, en définitive, a sauvé l'ordre public et détourné de la religion tous les périls qui pouvaient la menacer. C'était là évidemment sa mission providentielle, et la gloire de l'avoir accomplie peut lui suffire.

La religion, comme nous l'avons dit, n'a jamais couru en 1848 de sérieux périls. L'attitude du Pape, les réformes politiques qu'il avait généreusement entreprises dans ses Etats et dont on s'est depuis si peu souvenu, avaient eu une grande influence sur les esprits qui avaient fait le mouvement en France, et semé partout de bonnes impressions qui se manifestèrent alors. Mais avant 1848, il y avait eu dans l'Eglise de France des signes avant-coureurs qui n'étaient pas très-rassurants. Une agitation se manifestait qui indiquait un profond malaise. Cette agitation, qui tendait ouvertement à réformer l'état disciplinaire de l'Eglise de France, tel qu'il était résulté de la révolution de 89 et du Concordat de 1801, s'attaquait surtout à l'exercice du pouvoir épiscopal, qu'elle trouvait trop arbitraire et auquel elle demandait des garanties et des réformes. Ces dispositions des esprits, qui étaient un peu partout répandues, s'étaient montrées surtout dans plusieurs diocèses du Midi. Il y avait là évidemment des ferments de presbytérianisme qui s'agitaient; ils s'attaquaient à l'autorité des évêques, prenaient hautement la défense des prêtres tarés disciplinairement frappés, demandaient à grands cris des réformes et travaillaient à diviser le clergé. Ces symptômes inquiétants se sont bientôt dissipés; au lieu de produire une révolution, ils n'ont abouti qu'à un attentat isolé, mais bien criminel; leur odieuse et dernière expression a été le couteau de Verger.

Toutes ces plaintes, tous ces plans de réforme, au début, assiégèrent l'assemblée constituante et principalement son comité des cultes; mais la plupart ne purent pas soutenir la discussion; ils s'évanouirent comme des ombres devant la lumière; ce qu'il y avait de raisonnable et de fondé dans ces plaintes fut pris en considération, et aurait fini par amener avec le temps les réformes dans un état disciplinaire qui était assez anormal et où tout évidemment n'était pas parfait; mais il ne vint dans la pensée de personne qu'on pût se passer de l'intervention du Souverain-Pontife pour ces réformes, si jamais elles étaient entreprises. Les principes de l'assemblée constituante étaient solidement orthodoxes : il devint évident que jamais la nouvelle assemblée constituante ne ferait une nouvelle constitution civile du clergé.

Le socialisme était l'autre ennemi que l'assemblée devait vaincre, si elle voulait épargner au pays l'anarchie et tous les dangers qu'entraînait la réalisation de ces rêves et de toutes ces fausses utopies. Mais le socialisme n'était pas si facile à décourager que le presbytérianisme. Il se montra très-menaçant dès le début. Ces clubs où les orateurs, le plus souvent sous la blouse de l'ouvrier, faisaient entendre et débitaient à la foule égarée leur pernicieuse doctrine, avaient un aspect de plus en plus effrayant.

Ils avaient jugé tout d'abord les représentants de la France et les avaient condamnés. Ils essayèrent de s'en débarrasser en les épouvantant; ils espéraient qu'en leur montrant le spectacle hideux de quelques scènes tumultueuses et la figure de l'anarchie, ils fuiraient épouvantés et laisseraient leurs siéges vacants. Mais quand ils virent que l'invasion de l'assemblée du 15 mai n'avait servi à rien, et que, malgré cette invasion et malgré sa dissolution prononcée par l'émeute un moment victorieuse, elle s'était réunie de nouveau ; quand ils virent qu'après avoir déployé beaucoup de courage et de sang-froid au milieu d'un effroyable tumulte, l'assemblée avait, quelques heures après ce coup de main hardi, ressaisi le pouvoir et continué son chemin, la guerre, une guerre à mort lui fut déclarée, et elle ne tarda pas à éclater. Il me semble entendre encore les bruits de la bataille qui se livrait dans les rues de Paris, et cette voix du canon qui retentissait dans les salles du Palais-Bourbon, où l'assemblée, dans ces graves circonstances, se tenait jour et nuit en permanence, décidée, malgré l'imminence du péril, à rester ferme jusqu'au bout sur ses chaises curules. Et tous ces bruits qui grandissaient, et toutes ces nouvelles sinistres qui arrivaient, et les phases diverses de ces néfastes journées, n'étaient pas beaucoup de nature à rassurer. Cependant, après trois journées sanglantes, après des combats de géants, la fortune de la France l'emporta; le socialisme fut vaincu, ses débris ou furent déportés ou allèrent se cacher dans les antres des sociétés secrètes. C'était l'opinion de la France qui avait vaincu; mais c'étaient bien les représentants de la France qui avaient interprété sa volonté, conduit la guerre, et acheté la victoire au prix de la vie de plusieurs d'entre eux.

La grande faute de cette assemblée fut peut-être de n'avoir pas su mourir à temps, et de ne pas avoir assez bien compris qu'après avoir sauvé le pays, sa mission étant finie, elle devait spontanément se retirer, gardant intacte sa dignité, et rentrant dans le sein de la France qui lui devait son salut, avant que l'inconstance de l'opinion publique, les impatiences des partis qui s'étaient formés dans son sein, et toutes les ambitions qui s'agitaient autour d'elle et voulaient prendre sa place, se fussent réveillées et retournées contre elle, et lui eussent signifié que l'heure de mourir était venue.

Tous les anciens partis politiques vivaient au sein de l'assemblée constituante; leurs principaux représentants s'y trouvaient : mais c'est une justice à leur rendre que, devant les périls du pays, ils avaient oublié pour un moment du moins leur rancune, leurs espérances particulières, et les drapeaux divers sous lesquels ils s'étaient ralliés. Tous ces partis ne formaient contre le parti socialiste que le grand parti de l'ordre. Le pouvoir sorti alors des suffrages du pays, en prenant les rênes du gouvernement, pouvait appeler dans ses conseils les représentants de tous les partis anciens. C'est ainsi que le parti religieux, qui n'avait pas encore été un parti politique, mais qui, depuis la Constituante, au milieu des dangers de la situation avait gagné ses éperons et montré beaucoup de courage et de décision, fut appelé avec M. de Falloux, par le président de la république, à faire partie de son ministère et à prendre pour la première fois sa part dans le gouvernement.

Le moment était favorable pour assurer à la religion quelques-unes des conquêtes qu'elle ambitionnait le plus, et, à la tête de toutes, la liberté d'enseignement, objet des luttes acharnées des dernières années, sorte de croisade où les évêques de France n'avaient pas hésité à prendre parti et qui était un des vœux les plus chers des catholiques.

Le principal ennemi qu'on avait rencontré dans les guerres passées pour la liberté d'enseignement, était l'Université. Aidée de ses professeurs, quelques-uns devenus ministres et hommes d'Etat, de ses nombreux écrivains et des positions dont elle disposait dans la presse et la tribune, elle avait facilement dirigé et égaré l'opinion publique, et jusque-là elle avait réussi à écarter tous les périls de la concurrence et de la liberté. Elle formait une administration publique qui devenait de jour en jour plus puissante. Elle pouvait presque dire : L'Etat c'est moi ! car presque tous les hommes d'Etat, la considérant comme un des principaux rouages de la machine gouvernementale, la seule qui pût servir de contre-poids au clergé dont on redoutait l'influence trop dominante et les envahissements, s'étaient montrés disposés à maintenir ses priviléges et à favoriser ses prétentions.

Mais après 1848 et les colères qu'excitèrent les tentatives criminelles du socialisme, la situation était bien changée, et l'Université avait beaucoup perdu de son prestige, de sa force et de son crédit. Les préventions allèrent même beaucoup plus loin que la vérité. Institutrice officielle de la nation, on voulait la rendre solidaire de toutes les idées folles, de tous les rêves décevants qui s'étaient emparés de tant d'esprits et les avaient faussés. On ne lui pardonnait pas du moins d'avoir fourni au socialisme ses principaux auxiliaires, qui consistaient dans l'armée des instituteurs primaires où ses erreurs avaient trouvé tant de partisans ; armée, qui un moment ayant eu à sa tête un ministre dont les principes étaient grandement suspects, avait, en suivant la direction qui lui avait été tracée, inondé les campagnes de la France de catéchismes socialistes, et dont les flots pressés se préparaient ouvertement à monter à l'assaut de l'ordre social établi et tendaient à le bouleverser.

Ces préventions, qui n'étaient pas toutes également fondées, mais qu'on comprend aisément dans un moment où le pays sentait qu'il venait d'échapper comme par miracle aux plus grands périls, avaient beaucoup affaibli l'Université et la confiance qu'elle inspirait : sans doute, elle était en partie responsable de ce qu'on avait vu. Ses maîtres les plus éminents comme ses professeurs les plus modestes avaient eu des reproches à se faire. Le coupable, le vrai coupable, c'était un peu tout le monde. Le socialisme était né et avait grandi sans qu'on prît garde à lui et sans qu'on prévît l'abîme où il conduisait le pays. Si on lisait les livres et les discours des hommes les moins suspects de socialisme avant 1848, on y découvrirait aisément aujourd'hui une foule de propositions et une foule de systèmes dont on ne découvrait pas alors la portée, mais dont les folles et criminelles tentatives de 1848 firent voir clairement les dangers. Ce qui a peut-être le plus servi le socialisme, c'est la loi de 1833 sur l'instruction primaire, que tant d'hommes qui n'étaient pas certes socialistes défendirent à la tribune et dans la presse, et firent triompher. On croyait avoir gagné beaucoup en établissant, contre le clergé et la force de sa hiérarchie, une armée d'instituteurs laïques bien forte et bien disciplinée qui contre-balancerait son influence dans les campagnes ; en créant, en un mot, une sorte de clergé laïque où seraient les concurrents-nés des curés et bientôt pour eux des adversaires. On ne peut en douter : cette loi, qui était l'expression de tendances anticléricales, était devenue une des principales forteresses du socialisme ; mais personne ne l'avait remarqué, et il fallait le cataclysme de 1848 pour en manifester tous les dangers et faire ouvrir les yeux.

Quoi qu'il en soit, le moment, comme nous venons de le dire, était bien choisi pour livrer une nouvelle bataille à l'Université sur le terrain de la liberté d'enseignement, et personne ne pourra s'étonner que M. de Falloux ait voulu en tenter l'entreprise, qu'il ait eu la généreuse ambition d'attacher son nom à cette importante conquête, et que cette victoire, qui devenait possible et même relativement facile, ait souri à son zèle et à son amour du bien.

Bientôt après son entrée au ministère des cultes et de l'instruction publique, il s'occupa en effet de préparer le projet de loi qui devait lui tenir tant à cœur. Il nomma pour cela une grande commission extraparlementaire, composée de la plupart des hommes qui s'étaient fait connaître dans les luttes anciennes relatives à la liberté d'enseignement. Cette commission devait, dans des discussions approfondies, examiner les principes et parcourir toutes les questions qu'un pareil projet soulevait. Elle fut tout d'abord divisée en deux commissions : l'une chargée d'examiner les questions relatives à l'enseignement primaire, et l'autre qui devait s'occuper de tout ce qui regardait l'enseignement secondaire. Celle-ci avait pour président M. Thiers. Après quelques séances, il fut reconnu que les questions relatives à l'enseignement primaire et à l'enseignement secondaire, se mêlant sans cesse, il y aurait avantage à ne pas les discuter séparément, et d'un commun accord on décida la réunion des deux commissions en une seule. M. Thiers, à qui son expérience et ses talents avaient créé dans la commission une position exceptionnelle, en resta le président.

Il y avait dans le sein de cette commission qui siégeait au ministère de l'instruction publique, et dont les séances presque quotidiennes se prolongèrent durant plusieurs mois, trois nuances bien distinctes : la première, formée par des hommes de l'Université dont M. Cousin était le chef, et qui formait là comme l'opposition aux tendances qui se manifestaient ; c'était comme la gauche de la commission. Venaient, en second lieu, les hommes religieux qui formaient comme la droite. Parmi ceux-ci se faisaient remarquer principalement M. de Montalembert et M. de Falloux. Il y avait, parmi les membres de la commission, un ecclésiastique distingué qui s'était fait remarquer dans les luttes anciennes de la liberté d'enseignement par plusieurs écrits qui témoignaient de beaucoup d'expérience dans l'enseignement, d'une grande connaissance de toutes les questions qui s'y rapportaient, et en même temps d'un grand esprit de modération : c'était l'abbé Dupanloup. Il joignait beaucoup d'habileté à un esprit souple et fécond en ressources ; il fut choisi pour porter la parole, et faire valoir les arguments du groupe religieux de la commission dont les illustrations avaient voulu, ce semble, s'effacer un peu devant lui et ne se montrer qu'au second rang.

Entre ces deux partis extrêmes était un parti mitoyen qui devait faire pencher la balance, selon qu'il se réunirait aux uns ou aux autres. Il se composait de tous les hommes qu'on appelait alors du parti de l'ordre. Il tirait son principal lustre de M. Thiers dont l'éloquence claire, facile, abondante, se montrait toujours prête dans toutes les discussions, et y répandait à pleines mains la lumière. Ses convictions nouvelles, contrastant avec celles qu'il avait jusque-là professées dans les précédentes assemblées législatives, donnaient à son rôle quelque chose de piquant et d'inattendu. Par ses aveux pleins d'une franchise vigoureuse, il faisait le désespoir des universitaires et apportait l'appui le plus solide et le plus inespéré au parti religieux, qui, sans cet auxiliaire actif, hardi et désintéressé, n'aurait peut-être pas pu remporter d'aussi grands avantages.

Toutes ces discussions furent vraiment sérieuses et se prolongèrent longtemps. Je ne pus pas assister à toutes les séances de cette commission. Ma santé, qui dès ce temps-là donnait des inquiétudes à mes amis, s'altéra et fit voir quelques premiers symptômes du mal cruel qui plus tard devait entièrement la ruiner, et m'empêcha, à mon grand regret, de prendre part à tous les travaux de cette mémorable commission. Je pus cependant assister à ses principales séances, et je n'oublierai jamais la verve spirituelle et mordante de M. Cousin. Il fit une dépense considérable d'esprit pour soutenir une cause malheureuse et, dès le principe, condamnée. Forcé de céder du terrain, il fit une savante et fière retraite; il ne perdit aucune occasion de se retourner contre l'ennemi, et de lui décocher à la manière des Parthes ses traits les plus acérés; les saillies de M. Cousin appelaient les saillies de M. Thiers. Mais celui-ci brillait surtout par la raison pratique et le bon sens de ses discours; il déployait au poste d'honneur qui lui avait été confié, une connaissance parfaite des questions qui se débattaient, et auxquelles la crise qu'on venait de traverser donnait une si grande portée, bien digne d'occuper l'attention des hommes d'Etat.

M. Dupanloup eut de son côté des succès extraordinaires dans toutes ces discussions. La tempérance, la modération et en quelque sorte l'honnêteté de ses discours, où toutes les convenances étaient religieusement observées, firent sur tout le monde la plus triomphante impression. Vous nous apprenez dans votre livre, ce que je ne savais pas alors, que le P. de Ravignan jouissait des succès de son ami, le visitait fréquemment durant ces jours laborieux; il le soutenait, il l'encourageait au besoin et lui apportait l'appui de ses conseils. Sans avoir de place officielle dans la commission, il y prenait donc la part la plus vive par son zèle et par toute l'autorité que lui donnaient son expérience et ses vertus. Après ces combats, où de trois adversaires principaux deux étaient parvenus à s'entendre et à réunir leurs efforts, la bataille pouvait être considérée comme gagnée; il ne restait plus au ministre qu'à en rédiger le bulletin. Le parti religieux ne voulut pas abuser de la victoire : il ne demandait pas la ruine de l'Université, mais seulement la ruine de son monopole, et une petite place au soleil de la liberté d'enseignement. La loi n'avait rien de draconien, elle était plutôt un compromis.

On s'était fait de mutuelles concessions, mais le fond était gagné. L'Université, on le conçoit, ne fut pas très-satisfaite de la loi, et ce qui est plus difficile à comprendre, c'est qu'elle ne satisfit pas aussi quelques hommes du parti religieux dont les opinions, quoique extrêmes, avaient quelque poids parce qu'ils s'étaient beaucoup mêlés aux luttes précédentes pour la liberté d'enseignement. Il nous semble que ni les plaintes de l'Université ni celles des mécontents du parti religieux n'étaient fondées. L'Université, si on le considère bien, a plus gagné que perdu à cette liberté d'enseignement. Le fardeau de sa propre responsabilité, sous lequel elle devait tôt ou tard succomber, était allégé ; la concurrence sérieuse qu'allait lui faire l'enseignement libre devait l'aiguillonner et provoquer des réformes utiles qu'elle n'aurait jamais eu peut-être le courage de faire, et qui ont beaucoup amélioré ses principaux établissements sous le rapport du bon esprit de ses maîtres, de la discipline intérieure et de l'enseignement religieux. Jamais ses lycées n'avaient été plus peuplés, plus florissants, et, on peut le dire, mieux tenus que depuis la loi dont elle redoutait les résultats.

Les opinions religieuses extrêmes, qui n'ont pas été non plus complétement satisfaites de cette loi, me paraissent un peu difficiles. Nous en trouvons la preuve dans les principes que la loi a fait triompher, dans les amendements que plus tard on lui a fait subir, et surtout dans les bons résultats qu'elle a produits. Elle a soigneusement distingué l'enseignement public de l'enseignement libre. Celui-ci a été complétement émancipé. Elle a fait disparaître toutes les mesures préventives qui tyrannisaient l'enseignement et le mettaient à la discrétion de l'Université. La France, en peu d'années, s'est couverte d'établissements libres où les familles religieuses peuvent trouver pour leurs enfants l'instruction et l'éducation qu'ils désirent, et qu'il leur était auparavant difficile de se procurer. La Compagnie de Jésus seule a pu ouvrir une vingtaine de colléges, où se forme une nombreuse jeunesse appartenant à des familles chrétiennes, et nous voyons dans votre livre que le P. de Ravignan, pour rassurer les auteurs de la loi sur les bons résultats qu'elle avait produits, avait remis à M. de Montalembert un tableau exact des établissements nouveaux d'enseignement fondés par la Société. C'était une bonne réponse aux reproches qui étaient faits à la loi.

Mais, du reste, les partisans de la loi de M. de Falloux peuvent dire que sa pensée n'existe plus intacte. Le gouvernement impérial a accepté pour le fond la loi de la liberté d'enseignement, mais il lui a fait subir dans les détails plusieurs modifications. Il faut dire cependant, pour être juste, qu'il n'a pas touché aux principes de la liberté d'enseignement tels qu'ils avaient été proclamés ; il a accepté cette loi des mains de la république, et dans la pratique il l'a exécutée avec une parfaite bonne foi.

Voilà les événements extérieurs de ce siècle auxquels la vie du P. de Ravignan s'est trouvée mêlée ; ils jettent sur le calme et la sérénité de cette existence l'intérêt dramatique qui s'attache à eux.

Mais ce n'est pas seulement cet intérêt qu'on retrouve dans votre livre; il en ressort aussi les plus hauts et les plus salutaires enseignements.

Dans ces temps qui ne se distinguent pas par la fermeté des caractères et la force des convictions, vous montrez dans le P. de Ravignan une âme fortement trempée, inébranlable dans ses convictions, marchant droit à son but qui est le ciel, ferme comme le roc de la religion sur lequel elle s'appuie, et cependant empruntant à l'esprit de mansuétude et de charité de cette religion divine toutes les formes les plus douces et les plus attrayantes.

On voit dans l'humble Religieux qui s'ensevelit, loin du monde et de ses grandeurs, dans les retraites les plus profondes, un des hommes qui ont eu le plus d'autorité et qui ont exercé le plus d'influence sur les hommes et les choses de leur temps.

Comme si en lui Dieu avait voulu montrer un exemple illustre de la vérité de cette grande parole évangélique : « Cherchez d'abord le royaume de Dieu et sa justice, et tout le reste vous sera donné par surcroît, » plus le saint Religieux veut fuir le monde, et plus le monde le recherche ; plus il s'abaisse, et plus on l'élève. Sa puissance ne peut s'expliquer que par ses vertus. Il était éloquent, mais sa principale éloquence était dans cet accent convaincu qu'il imprimait à tous ses discours et dans la sainteté qui transpirait en quelque sorte dans ses paroles, et qui pénétrait et gagnait les âmes.

Vous nous montrez ce vigoureux athlète aux prises avec toutes les erreurs de son temps, du haut de la première chaire du monde, parlant à la société la plus éclairée et la plus choisie, l'attirant à lui, la captivant et bientôt recrutant ces phalanges de chrétiens fervents qui donnaient chaque année, à l'issue de la station quadragésimale de Notre-Dame, ces beaux et triomphants spectacles de piété qui ont fait une si grande impression sur le monde entier, et dont vous avez, avec tant de vérité et d'émotion, présenté, dans votre livre, l'admirable tableau.

Après avoir montré l'apôtre luttant avec toutes les difficultés de son saint ministère, vous montrez le saint parvenu au seuil de l'éternité, aux prises avec la mort ; et ce combat suprême qui vient couronner une si belle vie, présente le plus instructif et le plus touchant spectacle. C'est la plus belle et la plus saisissante scène offerte par vos pieux récits. Vous en faites la remarque, la mort du P. de Ravignan résume sa vie. Toutes ses vertus s'y montrent et brillent d'un nouvel éclat emprunté aux lueurs de l'éternité qui déjà se reflètent sur elle. On le voit sur son lit de mort comme si déjà il n'appartenait plus à la terre, ferme dans les douleurs, inaccessible à la crainte, sévère pour lui seul, comme un enfant dans la main de Dieu et de ses supérieurs, souriant à tous, supportant les plus vives souffrances avec une angélique résignation, et avec cela éprouvant cette sorte de joie que donne la pensée d'une conformité plus grande avec le Dieu du calvaire et de la croix. Il se reprochait la moindre plainte; le moindre cri poussé par la nature était à ses yeux comme une imperfection indigne d'un Religieux. De plus en plus, dans le travail de cette mort sainte la nature disparaît et se transforme, et quand l'âme exilée brise ses chaînes et prend possession de sa véritable patrie, le passage est imperceptible à l'œil ; on ne voit pas où finit la terre, où commence le ciel.

On voit dans votre récit de la mort édifiante du P. de Ravignan que, pour remplir les longues heures de l'agonie et pour nourrir toujours et reconforter cette âme qui avait faim et soif de piété et d'édification, on lisait de temps en temps au pieux malade, par fragments, une relation de la mort sainte du cardinal Bellarmin, Désormais on pourra se servir, dans les circonstances semblables, de votre touchant récit et du compte plus détaillé qu'a rendu de ces heures solennelles le pieux P. de Pontlevoy que vous aimez à citer. Pour apprendre à bien mourir, rien ne peut être en effet plus profitable que de voir comment meurent les saints.

Votre livre, qui excite tant d'émotion et tant d'intérêt, et duquel ressortent tant et de si salutaires enseignements, est donc plus qu'un bon livre : c'est une belle action.

Paris.—De Soye et Bouchet, imprimeurs, place du Panthéon, 2.